D1288386

ELLAS ABRIERON CAMINO

MUJERES EN LOS DEPORTES

Katie Kawa

Traducido por
Esther Sarfatti

PowerKiDS
press™

Nueva York

Published in 2016 by The Rosen Publishing Group, Inc.
29 East 21st Street, New York, NY 10010

First Edition

Editor: Sarah Machajewski
Book Design: Reann Nye
Translator: Esther Sarfatti

Photo Credits: Cover (background) mexrix/Shutterstock.com; cover (Rudolph) Mark Kauffman/ The LIFE Picture Collection/Getty Images; cover (Williams sisters) LUIS ACOSTA/AFP/Getty Images; cover (Hamm) Al Messerschmidt/Getty Images Sport/Getty Images; p. 5 Al Tielemans/Sports Illustrated/ Getty Images; p. 6 Scott Halleran/Getty Images Sport/Getty Images; p. 7 New York Daily News Archive/ New York Daily News/Getty Images; p. 9 Mark Kauffman/The LIFE Images Collection/Getty Images; p. 11 GARCIA/AFP/Getty Images; p. 13 Bob Martin/Getty Images Sport/Getty Images; p. 15 MARK RALSTON/AFP/Getty Images; p. 17 Robert Beck/Sports Illustrated/Getty Images; p. 19 Tom Dulat/Getty Images Sport/Getty Images; p. 20 RacingOne/ISC Archives/Getty Images; p. 21 Lachlan Cunningham/Getty Images Sport/Getty Images; p. 23 Bloomberg/Bloomberg/ Getty Images; p. 25 (softball game) The Washington Post/The Washington Post/Getty Images; p. 25 (AAGPBL logo) http://commons.wikimedia.org/wiki/File:All-American_Girls_Professional_Baseball_ League_logo.svg; p. 27 Jonathan Daniel/Getty Images Sport/Getty Images; p. 28 Stacy Revere/ Getty Images Sport/Getty Images; p. 29 Doug Pensinger/Getty Images Sport/Getty Images.

Cataloging-in-Publication Data

Kawa, Katie.
  Mujeres en los deportes / Katie Kawa, translated by Esther Sarfatti.
      pages cm. — (Ellas abrieron camino)
  Includes webography.
  Includes bibliographical references and index.
  ISBN 978-1-4994-0521-7 (pbk.)
  ISBN 978-1-4994-0520-0 (6 pack)
  ISBN 978-1-4994-0518-7 (library binding)
1. Women athletes—History—Juvenile literature. 2. Women coaches (Athletics)—History—Juvenile literature. 3. Women sportswriters—Juvenile literature. 4. College sports for women—Juvenile literature. 5. Professional sports—Juvenile literature. I. Title.
  GV709.K386 2015
  796.082—dc23

Manufactured in the United States of America

CPSIA Compliance Information: Batch #WS15PK: For Further Information contact Rosen Publishing, New York, New York at 1-800-237-9932

CONTENIDO

ABRIENDO CAMINO EN EL DEPORTE 4

UNA VERDADERA ESTRELLA 6

WILMA SIN LÍMITES. .8

UNA HEROÍNA DEL HEPTATLÓN 10

BILLIE JEAN ROMPE BARRERAS 12

LAS HERMANAS WILLIAMS 14

UN TRABAJO EN EQUIPO 16

LA ASOMBROSA ABBY. 18

LAS MUJERES EN EL AUTOMOVILISMO 20

UNA ENTRENADORA QUE BATE RÉCORDS. . . . 22

¡JUGUEMOS A LA PELOTA! 24

LA WNBA. 26

EL ÉXITO EN EL MUNDO DEPORTIVO 28

GLOSARIO 31

ÍNDICE. 32

SITIOS DE INTERNET 32

ABRIENDO CAMINO EN EL DEPORTE

A menudo el deporte se ha visto como algo solo para hombres. Incluso hoy en día, la frase "lanzas como una chica" se usa como burla. Las mujeres obtuvieron la igualdad de voto en Estados Unidos en 1920, pero no fue hasta 1972 que las mujeres tuvieron igualdad de oportunidades en los deportes en los colegios universitarios. Esto ocurrió cuando se aprobó la ley Título IX. Según esta ley no se puede descriminar a las personas por razones de sexo en lugares de trabajo, equipos deportivos u organizaciones.

A pesar de esta ley, las mujeres todavía siguen luchando por la igualdad en los deportes profesionales, en lo que concierne a la remuneración y al respeto que merecen. Las mujeres que han abierto camino en el mundo de los deportes han trabajado duro para demostrar que se puede lanzar, correr y participar en todo tipo de deportes como cualquier otra persona.

En el 2014, Mo'ne Davis lanzó una bola rápida de 70 millas por hora (112.7 km/h) convirtiéndose en la primera niña en la historia de la Serie Mundial de las Pequeñas Ligas en conseguir una **blanqueada**. ¡Demostró a todo el mundo que lanzar la pelota como una chica significaba lanzar como toda una campeona!

UNA VERDADERA ESTRELLA

A principios de 1900, casi no había mujeres atletas profesionales. Sin embargo, Mildred Ella Didrikson Zaharias, más conocida por su apodo "Babe", alcanzó fama durante ese tiempo por su habilidad y triunfo en varios deportes.

En los Juegos Olímpicos de 1932 en Los Ángeles, California, Zaharias ganó dos medallas de oro y una de plata en las competencias de atletismo. Zaharias también era muy hábil en baloncesto, béisbol, natación, tenis y otros deportes.

Sin embargo, Zaharias quizás es más conocida como buena jugadora de golf. Comenzó a jugar en 1933 y ganó 83 torneos durante su carrera profesional. En 1950, Zaharias fue co-fundadora de la Asociación Femenina de Profesionales de Golf (LPGA por sus siglas en inglés), la cual se ha convertido en una organización muy importante en el mundo profesional del deporte femenino.

Nancy López

Babe Didrikson Zaharias

El éxito de Babe Didrikson Zaharias abrió el camino a otras jugadoras profesionales, como Nancy López. López se unió a la LPGA en 1977 y ganó tres importantes campeonatos y 48 torneos de la LPGA durante su carrera. Actualmente se la considera una de las mejores jugadoras en la historia del golf profesional femenino.

WILMA SIN LÍMITES

Wilma Rudolph fue la primera mujer estadounidense en ganar tres medallas de oro en la misma edición de los Juegos Olímpicos. En los Juegos Olímpicos de 1960, en Roma, Italia, Rudolph ganó la medalla de oro en las carreras de 100 metros, de 200 metros y el relevo de 4 x 100 metros. Durante esos Juegos Olímpicos, casi todas las veces que Randolph entró a la pista, estableció récords olímpicos y mundiales.

El éxito de Rudolph en la pista es aún más admirable teniendo en cuenta el hecho de que tuvo dificultades para caminar de pequeña. Cuando era niña, en Tennessee, Rudolph contrajo **polio**, lo cual dejó **paralizada** su pierna izquierda. A los seis años pudo caminar con la ayuda de un aparato ortopédico. Tres años después, cuando le quitaron el aparato ortopédico, Rudolph comenzó a correr y nunca volvió a mirar hacia atrás.

LOGROS ASOMBROSOS

Rudolph usó su fama para luchar por los **derechos civiles** de los afroamericanos. Después de ganar las medallas de oro, se negó a participar en eventos **segregados**. De hecho, la celebración de su victoria, que tuvo lugar en Clarksville, Tennessee, fue el primer evento no segregado de dicha ciudad.

Wilma Rudolph

Wilma Rudolph, que en un momento de su vida ni siquiera podía caminar, pasó de llevar un aparato ortopédico de niña, a ser conocida como "la mujer más rápida del mundo".

UNA HEROÍNA DEL HEPTATLÓN

Wilma Rudolph fue una gran inspiración para muchas otras mujeres que aspiraban a ser atletas. Una de ellas fue Jackie Joyner-Kersee. Muchos piensan que Joyner-Kersee es la mejor mujer atleta de todos los tiempos por su éxito en el heptatlón olímpico. En este evento, los atletas compiten en siete pruebas diferentes de atletismo. Ganan puntos según su rendimiento en cada prueba.

Joyner-Kersee ganó varias medallas de oro consecutivas en el heptatlón de los Juegos Olímpicos en 1988 y 1992. En los Juegos de 1988, se convirtió en la primera heptatleta en conseguir más de 7,000 puntos. Los 7,291 puntos que ganó en esos Juegos Olímpicos establecieron un récord mundial que nadie ha superado hasta la fecha.

Joyner-Kersee ganó muchas medallas olímpicas en atletismo durante su carrera profesional: tres medallas de oro, una de plata y dos de bronce. Sigue siendo la mujer más condecorada en la historia del atletismo olímpico.

Jackie Joyner-Kersee fue nombrada "Mejor Atleta Femenina del Siglo XX" por la revista *Sports Illustrated*.

BILLIE JEAN ROMPE BARRERAS

El tenis es un deporte en el que muchas mujeres han abierto camino. Una de las más importantes es Billie Jean King. Durante su carrera profesional como jugadora de tenis individual o doble, King ganó 39 importantes campeonatos. Sin embargo, King es sin lugar a duda más conocida por su trabajo a favor de la igualdad entre hombres y mujeres en el tenis.

Antes de la década de los 70, los hombres tenistas ganaban mucho más dinero que las mujeres. King luchó por conseguir que el premio en dinero fuese igual tanto para hombres como para mujeres. En 1973, el Torneo Abierto de Tenis de Estados Unidos fue el primer torneo de importancia cuyos ganadores, hombres y mujeres, recibieron la misma cantidad de dinero como premio.

King también ayudó a crear la Asociación Femenina de Tenistas en 1973 y fue su primera presidenta. En 1974, ayudó a crear la Fundación Deportiva de Mujeres para que las mujeres pudieran tener más oportunidades en los deportes.

LOGROS ASOMBROSOS

En 1973, King derrotó a Bobby Riggs en un partido de tenis conocido como la "Batalla de los Sexos". La victoria de King hizo que la gente se diera cuenta de que las mujeres deportistas–y las mujeres en general–merecían más respeto del que les daban crédito.

Billie Jean King es miembro del Salón de la Fama de Mujeres en Deportes, del Salón de la Fama del Tenis Internacional y del Salón de la Fama Nacional de Mujeres.

LAS HERMANAS WILLIAMS

Venus y Serena Williams son dos de las tenistas más famosas del mundo. Estas hermanas cambiaron la forma de pensar de mucha gente respecto a las jugadoras de tenis por su fortaleza y resistencia en el juego. Desde principios del siglo XXI, ambas se han convertido en el exponente del tenis femenino.

Serena y Venus muchas veces compitieron entre ellas en las finales de los torneos principales. Entre el 2002 y el 2003, Serena ganó los cuatro títulos del Grand Slam seguidos. El Grand Slam incluye el Torneo Roland-Garros (o Abierto de Francia), el Torneo Abierto de Estados Unidos, el Campeonato de Wimbledon y el Abierto de Australia. En el 2002, la Asociación Femenina de Tenistas clasificó a Venus Williams como la número uno en tenis individual. Ella fue la primera mujer afroamericana en conseguir esta clasificación. Juntas, las hermanas Williams han revolucionado el tenis profesional.

LOGROS ASOMBROSOS

Mucho antes de que Venus y Serena Williams comenzaran a jugar tenis, Althea Gibson fue la primera mujer afroamericana en ganar el Abierto de Francia, en 1956.

Serena Williams

Venus Williams

Venus y Serena Williams han ganado tres medallas
de oro olímpicas en dobles. Hasta el 2015, tienen
un total de cuatro medallas olímpicas de oro.

UN TRABAJO EN EQUIPO

Muchas mujeres han logrado grandes avances en el mundo de los deportes. Pero muchas mujeres que juegan en equipo también han logrado abrir camino en esta industria dominada por los hombres.

En los últimos años, el fútbol femenino ha ganado popularidad en Estados Unidos. Este nuevo interés en el fútbol femenino se atribuye en parte al éxito del equipo estadounidense durante la Copa Mundial Femenina de Fútbol de 1999.

La Copa Mundial de 1999 batió récords de telespectadores y público en un evento deportivo femenino con 90,185 aficionados presentes en el estadio para ver la final entre Estados Unidos y China. El partido se resolvió en **tanda de penales**, que ganó Estados Unidos. Esa emocionante victoria dio un enfoque, a nivel nacional, al fútbol femenino y logró un mayor respeto y admiración para las mujeres atletas.

Mia Hamm

Las jugadoras del equipo de la Copa Mundial de 1999 ganaron mucha fama en Estados Unidos en ese momento. Sirvieron de inspiración a muchas otras jóvenes para que participaran en deportes de equipo, como el fútbol.

LA ASOMBROSA ABBY

La Copa Mundial de 1999 sirvió de inspiración a una chica que ha llegado a ser una de las mejores futbolistas de todos los tiempos. Abby Wambach se crió en Rochester, Nueva York, la menor de siete hermanos, lo que según ella la ayudó a convertirse en la futbolista fuerte que es hoy en día.

En el 2013, Wambach rompió el récord de Hamm de goles internacionales para convertirse en la máxima goleadora a nivel mundial, tanto entre futbolistas hombres como mujeres. Ha formado parte del equipo nacional femenino de Estados Unidos y posee dos medallas olímpicas de oro. En el 2004, alcanzó fama por marcar, durante la prórroga, y de un **cabezazo**, el gol contra Brasil que ganó la medalla de oro para Estados Unidos.

El éxito de Wambach como estrella de la Liga Nacional de Fútbol Femenino también ha contribuido al aumento de la popularidad del fútbol femenino profesional en Estados Unidos.

Hasta el mes de mayo del 2015, Abby Wambach ha marcado 180 goles en partidos internacionales.

LAS MUJERES EN EL AUTOMOVILISMO

Las mujeres hoy en día **desempeñan** un papel cada vez más importante en el mundo de los deportes. Sin embargo, todavía hay algunos deportes que se consideran "solo para hombres". Uno de estos deportes es las carreras de autos. Aunque cada vez hay más mujeres que compiten en las carreras de autos, todavía deben enfrentarse a muchos pilotos y aficionados que opinan que ellas no pertenecen en el circuito de carreras.

La primera mujer en demostrar lo equivocadas que estaban esas personas fue Janet Guthrie al ser la primera mujer que participó en las 500 Millas de Indianápolis, en 1977. También compitió en esta carrera en 1978 y 1979.

El éxito de Guthrie en las 500 Millas de Indianápolis abrió el camino para Danica Patrick, que fue la primera mujer en liderar vueltas en esta misma carrera en el 2005. Patrick también fue la primera mujer en ganar un evento de la **IndyCar**, en Japón en el 2008.

JANET GUTH

Danica Patrick

Tanto Janet Guthrie como Danica Patrick compitieron como pilotos de la IndyCar y de la NASCAR. Patrick fue la primera mujer en participar en la famosa carrera Dayton 500 de la NASCAR desde la primera posición de salida.

UNA ENTRENADORA QUE BATE RÉCORDS

El entrenador deportivo es otra área donde las mujeres no tienen cabida en un territorio dominado por los hombres. Sin embargo, en ciertos deportes, las mujeres entrenadoras, sobre todo en el baloncesto de colegios universitarios, han logrado grandes éxitos. De hecho, el primer entrenador de baloncesto de colegio universitario en lograr 1,000 victorias durante su carrera no fue un hombre sino una mujer.

Pat Summitt alcanzó este hito en el 2009. Cuando se jubiló en el 2012, había logrado 1,098 victorias durante su carrera profesional. Este récord la convirtió en la entrenadora con más victorias en la historia del baloncesto de colegio universitario.

Summitt fue entrenadora en la Universidad de Tennessee, donde estudió y jugó baloncesto en la década de 1970. Summitt formó parte del equipo femenino de baloncesto de Estados Unidos y ganó una medalla de plata en los Juegos Olímpicos de 1976. Más tarde fue entrenadora de ese mismo equipo, que ganó su primera medalla de oro en 1984.

LOGROS ASOMBROSOS

En el 2011, a Summitt le diagnosticaron alzheimer, una enfermedad que resulta en la pérdida de la memoria y de otras funciones importantes del cerebro. Desde entonces se ha dedicado a escribir sobre la enfermedad para que se conozca mejor.

Pat Summitt recibió la Medalla Presidencial de la Libertad en el 2012; el premio más alto que se otorga a una persona **civil** en Estados Unidos.

¡JUGUEMOS A LA PELOTA!

Los deportes van más allá del juego en sí. Pueden ser motivo de disfrute para un país entero, sobre todo durante tiempos difíciles. Así fue como sucedió con una de las ligas deportivas profesionales más antiguas de Estados Unidos. La Liga Americana Profesional de Béisbol Femenino (AAGPBL por sus siglas en inglés) se fundó en 1943 para que continuara el béisbol profesional en Estados Unidos mientras los jugadores hombres servían en la Segunda Guerra Mundial.

La popularidad de la AAGPBL siguió creciendo, incluso después de terminar la guerra. En la temporada de 1948, más de 900,000 aficionados asistieron a los partidos. Fue el año de mayor popularidad de la liga.

Aunque la AAGPBL solo duró hasta 1954, fue una parte importante en la historia de los deportes de Estados Unidos. Gracias a esta liga, más de 600 mujeres tuvieron la oportunidad de jugar béisbol a nivel profesional.

En 1992, una película llamada *A League of Their Own* (Un equipo muy especial) hizo que la AAGPBL volviera a captar la atención del país. Le enseñó a toda una nueva generación la importancia de estas atletas.

Las mujeres de la AAGPBL ayudaron a abrir camino a millones de chicas que juegan béisbol y softbol hoy en día.

LA WNBA

La liga deportiva profesional femenina más famosa en Estados Unidos actualmente es la Asociación Nacional de Baloncesto Femenina (WNBA por sus siglas en inglés). Sheryl Swoopes, una de las jugadoras de más éxito en la historia de la liga, fue la primera en unirse a la liga en 1996. La WNBA comenzó oficialmente a jugar partidos en 1997.

Para principios del siglo XXI, la WNBA había crecido tanto que se convirtió en la liga deportiva profesional femenina más exitosa de la historia de Estados Unidos. Estrellas como Lisa Leslie y Diana Taurasi, han captado la atención de todo el país por su talento en la cancha.

El equipo Cometas de Houston ganó los cuatro primeros campeonatos de la WNBA. Este equipo fue encabezado por algunas de las mejores jugadoras de la liga, como Tina Thompson, la máxima anotadora en la historia de la WNBA. Thompson se jubiló con 7,488 puntos.

La WNBA comenzó con ocho equipos, pero ha crecido hasta convertirse en una liga de 12 equipos.

EL ÉXITO EN EL MUNDO DEPORTIVO

Las mujeres llevan siglos demostrando sus talentos en los deportes aunque no siempre hayan sido aceptadas. Sin embargo, las cosas están cambiando. Con la aprobación de la ley Título IX, las deportistas universitarias han conseguido ante la ley la igualdad con respecto a los hombres. Las deportistas profesionales ahora luchan por la misma igualdad.

Las mujeres también trabajan arduamente para hacerse camino en otras áreas de la industria de los deportes, como entrenadoras, **periodistas** o árbitras, por ejemplo. En abril del 2015, la Liga Nacional de Fútbol Americano tomó un paso histórico al contratar a Sarah Thomas como su primera árbitra a tiempo completo. Gracias al esfuerzo y trabajo de estas mujeres que han abierto camino, las chicas de hoy crecen convencidas de que pueden llegar a tener éxito en el mundo de los deportes.

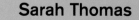

Sarah Thomas

Pam Oliver

Pam Oliver comenzó su carrera como reportera en 1995, cubriendo partidos de la Liga Nacional de Fútbol Americano. Desde entonces, se ha vuelto una figura popular en la cancha de muchos juegos televisados de fútbol profesional.

LÍNEA DE TIEMPO DE MUJERES EN LOS DEPORTES

1943 - Se funda la Liga Americana Profesional de Béisbol Femenino (AAGPBL).

1950 - Se funda la Asociación Femenina de Profesionales de Golf (LPGA).

1956 - Althea Gibson es la primera persona afroamericana que gana uno de los torneos del Grand Slam cuando gana el Torneo Roland-Garros.

1960 - Wilma Rudolph es la primera mujer que gana tres medallas de oro en la misma olimpiada.

1961 - Joan Payson es la primera mujer que adquiere un equipo de deporte profesional cuando compra el equipo de béisbol los Mets de Nueva York.

1972 - Se aprueba la ley Título IX, que estipula que las mujeres y hombres deportistas en los colegios universitarios tienen que recibir el mismo trato.

1973 - Billie Jean King derrota a Bobby Riggs en un partido de tenis conocido como la "Batalla de los Sexos". Ese año, el Torneo Abierto de Estados Unidos se convierte en el primer torneo importante en pagar a los hombres y las mujeres la misma cantidad de dinero en los premios.

1974 - Billie Jean King ayuda a crear la Fundación Deportiva de Mujeres.

1975 - Robin Hermann se convierte en la primera mujer periodista en visitar un vestuario profesional cuando consigue permiso para entrevistar a los jugadores después de un partido importante de la Liga Nacional de Hockey.

1977 - Janet Guthrie es la primera mujer en participar en las 500 Millas de Indianápolis.

1988 - Jackie Joyner-Kersee establece el récord de mayor puntuación en el heptatlón olímpico, con 7,291 puntos.

1997 - Se juega el primer partido de la WNBA.

1999 - El equipo de fútbol femenino de Estados Unidos gana la Copa Mundial, captando la atención nacional e internacional hacia el fútbol femenino y las mujeres en los deportes en general.

2008 - Danica Patrick es la primera mujer en ganar una carrera de la IndyCar.

2009 - Pat Summitt alcanza 1,000 victorias en su carrera profesional como entrenadora, convirtiéndose en la entrenadora con más victorias en la historia del baloncesto universitario, tanto de hombres como mujeres.

2013 - Abby Wamback es la máxima goleadora internacional de todos los tiempos, tanto entre futbolistas hombres como mujeres.

2015 - Sarah Thomas es la primera árbitra a tiempo completo de la Liga Nacional de Fútbol Americano.

GLOSARIO

blanqueada: Un partido de béisbol en el que un pitcher no permite que el otro equipo anote una sola carrera.

cabezazo: Un golpe dado con la cabeza para dirigir la pelota cuando se juega fútbol.

civil: Algo que no es ni militar ni religioso.

derechos civiles: Los derechos de los ciudadanos a la libertad e igualdad política y social.

desempeñar: Cumplir una función.

IndyCar: Un tipo de carrera que utiliza autos cuyas ruedas sobresalen del cuerpo del vehículo.

paralizado/a: Persona afectada de parálisis, una condición que impide total o parcialmente el movimiento de una o varias partes del cuerpo.

periodista: Persona que recoge información para presentar las noticias, por escrito o por radio o televisión.

polio: Una enfermedad de los nervios y la columna vertebral que a menudo afecta la habilidad de una persona de mover ciertas partes del cuerpo.

segregado: El hecho de separar a ciertas personas por su raza.

tanda de penales: Una forma de determinar qué equipo es el ganador de un partido de fútbol empatado después de terminar el tiempo normal de juego. Consiste en que cierto número de jugadores de cada equipo se turnen para tratar de marcar en la portería del otro equipo.

ÍNDICE

A
AAGPBL, 24, 25, 30
árbitra(s), 28, 30

B
baloncesto, 6, 22, 26, 30
"Batalla de los Sexos", 12, 30
béisbol, 6, 24, 25, 30

C
carreras de autos, 20
Copa Mundial, 16, 17, 18, 30

D
Davis, Mo'ne, 4
deportes universitarios, 4, 22, 28, 30

E
entrenadora(s), 22, 28, 30

F
Fundación Deportiva de Mujeres, 12, 30
fútbol, 16, 17, 18, 30

G
Gibson, Althea, 14, 30
golf, 6, 7, 30
Guthrie, Janet, 20, 21, 30

H
Hamm, Mia, 17, 18
heptatlón, 10, 30
hermanas Williams, 14, 15

J
Joyner-Kersee, Jackie, 10, 11, 30
Juegos Olímpicos, 6, 8, 10, 15, 22, 30

K
King, Billie Jean, 12, 13, 30

L
Liga Nacional de Fútbol Americano, 28, 29, 30
Liga Nacional de Fútbol Femenino, 18
López, Nancy, 6, 7
LPGA, 6, 7, 30

P
Patrick, Danica, 20, 21, 30

R
Rudolph, Wilma, 8, 9, 10, 30

S
Summitt, Pat, 22, 23, 30

T
tenis, 6, 12, 13, 14, 15, 30
Thomas, Sarah, 28, 30
Título IX, 4, 28, 30

W
Wambach, Abby, 18, 30
WNBA, 26, 27, 30

Z
Zaharias, Babe Didrikson, 6, 7

SITIOS DE INTERNET

Debido a que los enlaces de Internet cambian a menudo, PowerKids Press ha creado una lista de los sitios Internet que tratan sobre el tema de este libro. Este sitio se actualiza con regularidad. Por favor, usa este enlace para ver la lista: www.powerkidslinks.com/wmng/spor